I0499212

www.ingramcontent.com/pod-product-compliance
Lightning Source LLC
Chambersburg PA
CBHW070429220526
45466CB00004B/1597
* 9 7 8 1 6 7 6 7 4 5 2 9 7 *